외롭다는 것

외롭다는 것

그것으로 나는 공허하지 않았네

목천 4시집

| 서시 |

내가 나에게

沐 川

나는 '경천애인요산敬天愛人樂山'이니
날마다 나를 낭독하고 웃는다
제아무리 쓰나미가 휘몰아쳐도
꺼지지 않는 자등명自燈明의 길을 가리라
지상에서 할 일이란 내가 꽃피는 일 말고
또 무엇이 있는가
삶의 일과는 꽃처럼 웃는 연습
어렵다고 여기는 지금이 최적의 시간이다
역경은 꽃피울 안성 밑천이니
눈물 젖을수록 나는 축복받은 인간
대성통곡처럼 나를 암송하고
나에게 꽃처럼 웃지 않고 어이 하랴!

목차

2부 벽이 희망이다

3부 내가 나에게

4부 다시 연습처럼

5부 구송정 솔바람소리

6부 겨울은 봄이 오는 소리다

1부

외로움이 나를 사랑한다

나를 그리다

간절한
바람을 불러
내가 흔들리는 나날

바다
철썩이는
너를 안고 싶은 날

부서지는 파도 속에
너를 부르다가
부르다가

불빛마저 가버린
깜깜한 독방獨房
살며시

초생달 하나 떴다

바다랑 서성이는 사람

저 바다
얼마나 외로웠으면
외딴섬 하나 두고 살까

세상의 속내는 다 외로움이다
끝이 없는 바다만큼
외로운 사람

눈코 뜰 새 없이 살다가도
외로움을 찾아
바다랑 서성이는 사람

외딴섬
초생달 하나
가슴에 두고 사는 사람

그런 사람
발자국을 따라가고 싶다
바닷가에 서면

그대가 그리운 날

그대를 찾아 나섰다가
맞닥뜨린 바다를 안고
내 얼마나 그대를 불러댔던가

발끝에 달려드는 파도를
제아무리 움켜잡아도
부서져 울뿐

나의 빈손 바다에 젖어서
돌아와 눕느니
눈감아서 훤히 보이는 칠흑을 보듬으면

바람일까 파도소리일까 그대 기척마냥
휘파람새만 살아서
한 밤을 우네

나의 섬 외딴섬을 우네

외딴섬에 가고 싶다

바닷가에 서면 가고 싶다
어딘가에 있을 섬 하나
파도가 후리 처도 울지 않는
파도보다 강한 외로움을 지닌 외딴섬
그를 얼싸안고 속 시원히 한번 울고 싶다
바다가 있어 섬이 있나니
파도가 있어 섬이 소리치나니
밀려오는 파도를 다독여
바다를 보듬고 뒹굴며 노래하리라
외딴섬이 가는 길
파도에 닳고 닳아서 바다가 되는 길
파도랑 바다를 노래하는 외딴 그 섬에
어이 이리도 가고만 싶은가
파도 속에 깃들어 있을 섬 하나
달려가 부둥켜안고 싶다
바닷가에 서면
아아 나도 하나의 외딴섬이니

외로움이 나를 사랑한다

아무도 오지 않는
외딴섬
오솔길

툭!
떨어지는
한 잎 낙엽이 가슴을 친다

울컥!
나를 울리는 외로움
그대는 순결한 스토커였나

끈질긴 파도로 달려와
발끝에서
부서지나니

외로움은 절대자유를 잉태한 것

외로운 순간
나는 들키고 말았네

외로운 만큼
내가 나를 독차지한 것

외로운 만큼
내가 절대자유를 잉태한 것

아아 외로움의 끝엔
엄연한 해산解産일지니

자유방임이다

외로움은 스토커야

틈만 나면 아는 체
헛기침을 하는 놈

외로움은 스토커야
끈질긴 스토커

그는 내안에 들어와
아예 궁궐을 차렸어

무색천無色天
신궁神宮을 차렸어

외로움은 사랑
사랑은 극락

천진한 스토커

외로움은

천진한 스토커

온전히 나에게 바치는 사랑이 아니고 무엇이랴!

외롭다는 것

그것으로 나는 공허하지 않았네

1

먹고 살기에
꼼짝없이 억매인 나날
세상은 낯설기만 해서 바라본 먼 별 하나
외로움의 비수로 나를 찔러대곤 했다
무한한 허공에 유한한 내 먼지 한 점
산책길 나서면 끈질기게도 따라와서
질펀히 고이는 바다 외로움이라는 녀석
날이 날마다 파도를 일으켜 나를 출렁거렸다
심장까지 젖어서 철썩 철썩
엉뚱하게도 그럭저럭 정이 쌓이다보니
이놈 때문에 사는 게 심심치 않게 되었다
어디를 가든지 외로움과의 동행이
삶의 본거지가 되고 말았다
왜 사냐고 물어도 멍 했는데
외로움 그놈 때문에 산다는
말미가 생겼다

2

나는 들키고 말았다
외로움 속에 살아있는 빙의憑依 처럼
나, 그리고 너도 꿈틀대나니
외로움이 쌓이면 사랑도 행복도 쌓인다
혼자서 아무도 없는 바닷가에 서면
우주가 깡그리 나의 것
개울도 인생도 외로움 때문에 길을 나섰다
인생이여, 외로움에 서슴없어라
외로울 때가 진짜 나를 만나고 사랑을 만난다
억만금을 주어도 교환이 되지 않는 외로움
세상을 몽땅 향유하려거든 외로워지라
외로운 사람들이야말로 행복하다
외로운 그대들이 진실로 살고 있는 것이다
세상사 모두가 외로움이니
방황하는 자 외로움에게 길을 묻자
목숨을 챙겨 나를 붙들어 주는 외로움
그마저 없다면 얼마나 허전하랴!

3

외로움은 님이 오시는 외나무다리
몸을 쓸고 마음을 곱게 닦아서야
나에게로 드시나니

희로애락 문드러진 지고지순의 절정
님을 맞아 내 꽃 한 송이
만발하지 않고 어이하리!

북 속에 갇힌 사랑

그대와 나는 북 속에 갇혔다
그대랑 북 치고 장구 치고 인생타령을 하면
세상을 나는 북장구소리 천진 천진天眞 열리는 하늘
나는 그대를 두들기고, 그대는 나를 두들기고
서로 마주치는 사랑이 개벽처럼 평생을 운다

갈밭에서 만나다

그리움이
밀려올 때마다 몸부림치는 갈대였네
형체도 없는 아득한 것이 꿈틀꿈틀 일어나
부딪는 가슴과 가슴, 너와 만남은 이리도
갈대의 방전放電인가
갈밭에 들면 가도 가도 빽빽한 너
우리 만남은 우거진 갈밭이 되고
갈대칼날에 베인 상처가 희열로 만발한 갈밭
쓰러질듯 삶을 방전하는 푸른 계절을
사람도 그 어떤 짐승도 갈밭에 들면 행방불명
갈밭으로 가서는 소식이 없네
오직 너에 미쳐서 스치는 것마다 피는 꽃
천지는 온통 너와 내가 부딪는 갈대의 스파크다
서럽도록 워석워석 푸르름이 물결치는 계절
그리운 영혼 갈대가 섰다
환희로 열리는 뜬구름 하나 보듬어
이리 흔들 저리 흔들
나의 갈대가 섰다

절벽

길 헤매다가
막다른 절寺에 들자
절벽을 만났네

누가 새겨놓았는지
목탁소리 낭랑히
천길 벽보壁報를 읽데

올라도 천당
떨어져도 천당
절체절명 목어도 울데

그렇다고 손 벽을 치면
절벽도 따라 울데
울렁울렁

벽이랑 산다오

나는 벽이랑 산다오

길을 가다가
비정한 벽을 만나면
그때마다 나 자신에게 주문을 외지요
역정을 부리지 말라
아예 벽을 부둥켜안고
동고동락 하렴
그렇게 훙얼훙얼 벽을 넘어가다가
더 큰 벽을 만나면
애원을 하지요
같이 밥 먹고 놀아 보자구나
벽아 벽아 벽아
아아 외로운 나의 벽아
우리는 천생연분
각방 하나 없는 단칸방
평생웬수

나는 밤마다 벽을 안고 철철 끓는다오

문門

벽아
그토록 날 가로막는 너라면

아예 네 안에 들어가 살으마
내 집이 되어다오

너랑 살다가 살다가
금이 생기면 나가 살으마

근사한 대문이 되어다오
벽아

헛간

— 나의 면회소

길을 가다보면 헛간을 만난다
헛간은 산중이나 도시의 한 복판에도 있다
비 맞고 상처받은 바람이 머물다 간 흔적
손때 묻은 냄새가 난다
낡아만 가서 아무도 머물지 않는 헛간

부처님마저도 떠나버린 헛간

어느 날 갈 곳이 없어 찾아든
오두막 헛간은 나만의 면회소였다
영혼의 서적으로 가득하다
얼마간 이곳에서 머물다 가리라

더 이상 쓰러질 것이 없는 헛간

내가 즐기는 칠여七餘

묵묵한 산봉우리 하나 스승으로 모셨다
벌판에 작은 풀꽃 등불을 삼고
푸른 하늘 공책을 읽는다
돌멩이와 흰 구름 벗 삼아 곡식을 심고
나비 따라 오르락내리락 가는 오솔길
강물 따라 무심천 흥얼흥얼 흘러서
거기에 더하여 목천沐川에 시를 헹궈내는 것

2부

벽이 희망이다

시詩나무

세태에 오염될까 두려웠다
새벽마다 고이 받은 정화수 목욕으로
산뜻이 일으켜 세우는 시 나무 한 그루
아침 햇살에 이슬을 털고
창이 열리는 이파리 나부끼기 시작한다
가본 적이 없는 또 하루 신선한 여행길이다
흙을 먹고 자라는 나무
하늘 터널 속으로의 비상
새와 구름의 발자국을 따라
바람과의 동행이다
보이지 않는 것과 부딪는 상처가 시로 여무는
내 가슴 깊은 곳 뿌리박은 불기둥
외롭다고 술을 마시면 단풍드는 꽃나무
가끔씩 바람을 붙잡고 춤을 춘다
적멸 속 희열 깊은 만발을 꿈꾸는
시 나무 한 그루 광야에 섰다

저 대바람소리

저 대바람소리
뱀 한 마리 대밭에 들어갔다

아직껏 뱀은 나오지 않고
대나무 한 그루가 솟아올랐다
스카프 같은 허물이 풀리면서
스르르 대바람소리만 흘러나왔다

하늘에 꽂힌 화살처럼 푸르르
내 몸에서도 대바람소리가 났다

곧은 뱀 허물 벗는 소리
허공을 뚫는 화살처럼 몸부림쳤다
지겨운 듯 곧은 몸 풀어놓고
푸르르 푸르르

날마다 허물을 벗고 살아 올랐다
저 대바람소리

죽녹원에서

울울창창한 길이다

가득가득 허공을 싣고 달리는 기차 칙칙폭폭 칙칙폭폭
공중의 철선 화물칸 주줄이 지축이 울려도 들리지 않는다
곧은길은 항상 절정이라서 소리는 무성으로 먹혔을까
정적이 몸부림치는 순간 어쩌다가 잘못 새어나는 숨소리
사르르 사르르 댓잎 피어오르는 죽녹원

그림자 푸르르 내가 섰다

한 칸 한 칸 허공을 옮겨 넣고 내 저리 달릴 수 있을까
대나무 하나 붙잡고 허공의 레일 위에 내가 뒤뚱뒤뚱
내딛는 허공마다 보드라운 구름정자 그 끝 모를 하늘바다
보물섬을 경작하듯 하얀 물거품을 헤치며 오른다

하늘냄새 짙은 청설靑雪의 한 낮

천상의 문을 향하여 본적과 주소는 직진이지만
현주소는 부글부글 끓는 용광로라서

사르르 어루만지는 추임새인가

푸른 연기가 피어오르는 죽녹원

아아 날개소리 자욱이 인적이 흔들리고 있다
대바람소리 하늘냄새로 다 젖은 손수건
서로 얼굴을 닦으니 너도나도 푸른 푸른 댓잎들

살랑살랑 하늘길을 간다

※ 죽녹원: 전남 담양에 있는 대나무 산 숲길로 찾는 발길이 끊이지 않는다.

벽이 희망이다

— 다시 담쟁이를 보라

비좁은 골목길 지날 때마다
담벼락 허공의 끄나풀이
나의 뺨을 후리친다

땅이 없다고 한탄만 하면 무얼 해
가난한 자에겐 가로막은 벽이 터전이야
보라, 시멘트벽이 푸른 대지다
미지의 허공을 더듬어 올라
날마다 새로운 절경絕境을 넘보는 끄나풀
벽이 길이고 허공이 세상이었어
어두운 밤일수록 별처럼 돋아나는 이파리
구천으로부터 길어 올린 영혼이
꽃밭을 일군다

보라, 푸르러가는 담벼락
날마다 올라야할 삶의 혈서다
저 담쟁이 벽보壁報!

꽃 · 9

벙어리
누구와 헐레 붙었나

깨끗한 정조貞操는
절정의 적막에서만
터지느니

한 송이 꽃!

아, 나의 오르가즘
묵음의 득음
저 천둥 같은 유레카!

오늘도 내일도
꽃길로만 가굽나니

오월 녹색궁

푸른 오월
깊고 깊은 녹색궁에 들어
짐을 풀고

내궁 후원에
고즈넉이 누웠다

후박나무 갈참나무 잎들이
흰 구름 한 조각이랑 나란히
나를 부웅 띄워놓자

어디선가
별나라 냄새가 나는
금박새가 운다

한여름 청설 한 그릇

무덥고 목마른 날
억새칼날 허공을 찔러대더니
한바탕 소낙비가 주룩주룩
내 굳은 살 어깨를 두들기면
한여름 폭설마냥 눈이 부신
푸른 적설로 층층이 쌓여 오르는 앞산
죽었던 영혼마저 부스스 일러서는
설청雪靑의 깃발들 살랑살랑 차려내나니
대바람소리 푸른 상추쌈 한 상
한여름 별미를 먹는다
고봉으로 쌓인
저 청설靑雪 한 그릇

연꽃 · 1

연꽃은 한 자루 붓이다

바닷물을 찍어
허공에다 극락을 쓴다

바다가 다 마르겠다

연꽃 · 2

열린 가마솥
아침노을이 붉다

동네방네 퍼지는 밥 향기

저 바다 한 상
공깃밥 몇 그릇

김이 몽개몽개夢開夢開

연꽃 · 3

저건
허공에다 쏟은 정사精射다

들끓는 바다가 발기한
불기둥

불이 붙었다

배고픈 바람이 흔들흔들
선경仙境을 핥아먹는다

찰나의 나를 업고
나비 한 마리 어디로 가는가

별맞이꽃

깜박깜박
별 하나 내 가슴에 꽂히면

미치도록 그리운 너에게
나도 깜박깜박

어둑한 창가 노오랗게 꽃이 핀다
몇 만 광년을 흘러와 닿는 신방초야일까

우주의 피를 빨아먹고
너와 내가 하나로 생명의 절정을 탄다

이 한밤 별꽃이 되어
반짝 반짝

동백꽃

외딴섬 부서져라
파도가 울면
만나야한다

화살이여
외딴섬에
날 데려가 다오

나의 불화살
외딴섬 심장에 꽂혀서
파도랑 울리라

진정 내가 불붙은
섬 나무
붉게 붉게 울리라

나무 · 3

광야에
나무 한 그루 섰다

십자가† 서로 기댄
사람인人 나무

허공을 목木소리 친다

저 유레카!
승천을 노래하는 나무

하늘을 향하여
사람이 섰다

※ †, 人 ⇒ 木

연화문백자

저 텅 빈 주둥이
허공의 화살이 와 박혔다
목구멍을 뚫고 창자까지 박혔다
잘못 물은 화살낚시
허공이라는 놈과의 사투다
허공을 악물은 팽팽한 낚싯줄
부르르 떨고 있는 적멸寂滅인가
소용돌이치는 몸뚱이
평생을 견디다가 견디다가
허공이 소화되는 공복空腹
저 텅 빈 백자입술에
연꽃이 필 줄이야

황혼녘

저 붉은 노을

그녀와 내가
칠흑으로 만난다는 약속이 뜨겁다

벌써부터 스며오는 어스름냄새로
향기로운 저녁

내 가슴도 붉어 그녀에게 보낸다
노을보다 뜨거운

나의 입술

3부

내가 나에게

강물

산이 강론을 하면
강물이 알아듣고 흐른다
나도 강물이고 싶다

폭포를 만난 날

산 깊어질수록 영혼아, 보아라
수직으로 써내는 하늘의 혈서

듣느냐, 대지가 읽어내는
그윽한 독경소리

뼈 속까지 흘러 흘러서
꾀 벗은 아이들 물장구소리

웃음꽃 만발한 목천沐川에
나도 홀라당 뛰어들고 말았다

내가 나에게 · 1

— 자등명

나는 나에게 잡힌 노예다
나를 부릴 뿐 어이 놓아주지 않는가
궁극엔 짊어진 나를 벗는 일이니
나는 움직이는 자등명自燈明
나의 심장 등불을 밝혔다
만물을 사랑함으로 꽃이 피는 길이다
벼랑에서도 만발한 꽃을 보고 싶다
의젓할수록 자유로워지나니 길은 내안에 있다
경천애인요산을 우린 차를 마시고
궁극에 넘어야할 강산江山 하나 즐겨서
희로애락 무아일여無我一如의 길을 간다
아무렇지도 않은 바람처럼 간다
나를 벗는 대아大我의 길

내가 나에게 · 2

— 산

산이 어디 가겠느냐
밤안개 지나면 남는 건 산이다

보아라
네 안에 날뛰는 것들
끌어안고 잠재웠다가
산뜻이 일어서는 아침 산을 보아라

한밤을 녹여낸 묵상
진정한 나를 불러 너를 불러
날마다 오르는 산이
어디 가겠느냐

늘 앞산처럼 네가 있어
내가 있다

내가 나에게 · 3
— 고독

가짜인지도 모를
나 때문에 상심하지 말게나
지금 유일한 자산은 고독이다

결코 무너지지 않을 고독의 경영자가 되라
고독의 주식 먹어도 먹어도 굶지 않을 밑천
세상에 널려있으니, 나는 고독의 부자다

외로움이 밀려올수록 쌓이는 것은 사랑이니
산중이든 공중이든 나를 풀어갈 공간
정자 하나는 지어 살자구나

오르는 산마다 영혼의 정자가 있다
고스란히 모여든 고독의 술잔들
날마다 떠들어댄다 꽃처럼

내가 나에게 · 4

— 미생

빈 털털이어서
어깨 한 번 제대로 펴지도 못한 놈
하늘까지 원망하다가 슬퍼져서
나를 달래야했던 그런 때가 있었지
그땐 재해의연금을 나수 보탤 수 없었다
딸애가 사달라는 가방하나 못 사주고
등록금 때문에 아들 대학원을 못 밀어주었다
부모님께 살아생전 비행기 한 번 못 태워드리고
집사람에게 패물 하나 사준 적도 없다
생일날 외식한다는 게 겨우 해물칼국수니
그나마 감사인사를 받기까지 한 녀석
참 어이 없이 미안하다 미안하다 다음엔
근사한 집에서 대판 잔치를 벌리겠다 말 뿐인 놈
여전히 지금도 난 가짜야, 아직 태어나지도 않았어
진짜 나는 이리 못난 놈이 아니었거든
교실에선 촉망되는 선농군의 아들이었지
그래, 나를 찾아 갈 거야
이제부턴 개벽이다!
앞으로 최고 멋진 놈으로 태어날 거야

너무 마음 아파하지 마
죄인처럼 쪼들리는 이놈은 내가 아니니까
세상 최고의 화중선花中仙으로 깃들어
마냥 뒹굴 날 오리니

내가 나에게 · 5

— 변신

나는 간다
돌을 안고 간다
뜨거운 피톨 눈 뜰 때까지
나를 안고 간다
발길에 짓밟히는 돌멩이들
아는 체 미소 지을 때까지
너를 안고 간다
구천九泉 뿌리 깊은 침묵
깜깜한 천둥우레를 머금은 차돌
바람에 씻겨서 닳고 닳아서
천둥처럼 터지는 절정
저 눈꽃송이
내가 만발한 자유다
춤을 추며 흩날려 내린다
나에게로 닿는 너
땀인지 눈물인지 녹아서
나에게로 젖어드는
이 눈물 한 방울

내가 나에게 · 6

— 과녁

나의 화살
너를 명중하는 데
일생이 걸린다

화살이여, 잊지 말라
출생은 목천沐川이 흐르는 농토였고
땅의 충복인 선농선부仙農仙夫 슬하
이름은 사랑, 주소는 고난국 희망시
인내동 행복 1번지였다

혼불을 기억하고 노래하라
춥고 어려운 계절일수록
불붙일 모닥불 과녁은 '천국 아니어도
구름군 눈내리면 행복하리'이니

내가 나에게 · 7

— 동백꽃 한철

너는 시위를 떠난 화살
출생은 난국, 이름은 사랑
현주소가 공중을 나는 화살이다
정착할 주소지를 향하여
벽을 뚫어야하는 운명
목숨이여, 어디라도 날아가서
섬 바위에라도 꽂히면
정령精靈이 만발한
나
심장 붉은
동백꽃이다!
남도 3백리에 한철을 불타다가
하염없이 지는 낙화인들 어찌하랴
동박새 울고
휘파람새 날아간들
어찌하랴!

내가 나에게 · 8

— 기쁨이 되는 길

무겁구나, 건물이
빛깔과 높이만 추구하는 고층마을에
비틀거리는 나의 과체중이 버겁구나
인생아, 귀 기울여 듣자구나
산이 다이어트 하는 저 개울물소리
수평으로 사는 저 바다의 파도소리
삭아 내린 암자는 풍경소리 즐겁고
십자가는 아예 살이 없다

생각을 고치면
순간순간 그 자리가 다 꽃이다
어려운 대로 꽃이고 슬픈 대로 꽃이다
몇 번이고 소리 내어 읊어라
평탄한 길에는 절벽이 나오고
오르막길에는 절경이 나온다
명심하라 어려움이 있어
기쁨이 되는 길

내가 나에게 · 9

— 막다름

서론은 움츠림
서툴게나마 희망을 씨 뿌렸다

본론은 도약이니
나 자신과의 싸움이었다
고해의 경전을 읽고 만발을 꿈꾸며
희로애락을 식량삼아 나를 가꾸는 사업
어떻게든 한번은 최선의 꽃을 피우리라
한창 중장년 땀 흘리는 계절이었다

결론은 막다름이니
나 자신에게 엄연히 결실을 묻는다
몸 소진하고 가벼이 뜨는 영혼
어디라도 자유로이 날 수 있는지?

내가 나에게 · 10
— 만물에 빌다

태어나서 천만 다행인 것은
하느님께 기도하는 것이다
사는 게 다 죄더라
한 발짝만 띠어도 먼지가 부서지고
눈길만 주어도 고양이가 슬슬 도망친다
끼니마다 국물은 핏물이고
멸치 한 마리에도 몸부림이 살아있거늘
사는 게 죄다 죄가 아니고 무엇이랴
그러니 만물에 빌고
하느님께 감사기도를 드려야하느니
잊지 말라 하느님 말씀 안에
내가 있다는 것을

내가 나에게 · 11

— 가시가 사랑이니

만날 사람은 나다
날마다 나를 사랑한다고 일러라
사랑을 따르되 돌아서지 마라
모든 것은 사랑할수록 닮아간다

만물은 사랑할수록 꽃이고
사람은 사랑함으로 사람이다
매미도 사랑방가로 일생을 울거늘
어찌 장미가시를 두려워하랴

세상은 가시로 가득한 장미원
가시가 사랑이니
날마다 나를 만나 외친다
내가 가시장미원 주인이라고

내가 나에게 · 12

— 국수집

바위를 보고 있으면
그 속에 깃들어 등불을 켜고
하룻밤 지새우고 싶다

어찌 바위 속이랴
파도 속에 깃들어 신방을 차리고
바다를 철썩이고 싶다

어찌 파도 속이랴
물방울 속에 깃들어 궁궐을 차리고
한 오백년 살다가 살다가

벼랑바위에 부딪쳐서 속 시원히
부서진들 어떠리

이같이 망상을 하다 보니
얼마나 경이로운 목숨이더냐

보라, 광고지 2000원 잔치국수가

참 맛나겠다
가자, 점심은 국수집으로

축첩蓄妾

내 육신의 집에는
영혼의 두 악기가 있어
나를 연주하네

본처인 아내와
애첩 시 거문고 하나

손길이 닿을 때마다
아내는 쟁쟁거리고
시첩은 동동 거문고소리

늘 행복이라는 주제로
내가 연주되는 집

춥고 배고플 때마다
간절히 울리는 거문고소리 있어
나는 행복하나가 더 있네라

다리

그녀의 다리가

일생을 건너는

내 다리의 전부였다

4부

다시 연습처럼

가을바다

요사이 가을바다랑 논다
파도가 밀려와서 내 가슴에 부서지면
부서지는 파도를 보듬고
내가 부서지는 소리 철썩철썩

세수를 하다말고 세숫대야를 출렁여본다
심장 붉은 단풍바다가 일렁이고
내 고란이 한 마리 움직일 때마다
바스락 바스락

가을이랑 내가 부서지는 소리
세수한 얼굴을 수건으로 닦으면서
내가 짐짓 소리를 내어
몇 발짝 걸어가면

낙엽은 바스락 파도는 철썩
이리도 내가 부서지고 있다
낙엽 붉은 가을바다
철썩철썩 바스락바스락

버려야 피는 꽃

다급한 나비 한 마리
해우소에
들었다

날개를 접고
한 토막
황금을 버리니

날개가 활짝 핀
만발한
꽃이다

허옇게
웃으며
나비가 날았다

저녁노을 연주

저 지평선 거문고
내 늑골을 타듯 노을이 붉다

깊은 적막의 뿌리 휘감아
목숨 죄다 뽑아내는 악사樂士
풀잎 울컥울컥 허공을 타면

불꽃 억새는 터져서
뜬구름
불붙는 노을

하루를 불 지른 다비식에
불나비가 탄다

저 저녁노을 연주

다시 연습처럼

남편도 아내도 대용품이었네
연습 같은 사랑게임 다시 해봐야지

자, 아내여
그대와 나는 더욱 호젓이 만나야 할 사랑
그대는 이쪽 길을 오르고 나는 저쪽 길로 올라서
호젓한 고갯마루에 완전 타인으로 만날 때
고독이라는 옷을 벗고
적막이 날을 세운 등성이 걸터앉아
마지막 남은 알사탕 하나씩 서로에게 넣어주면서
서투른 몸짓 적막 한 토막씩 잘라내어 불태우나니
심산유곡이 아늑해지기 시작하네
저녁 어스름이 젖어드는 산 가슴팍 더듬더듬
무엇을 찾는 건가
아득한 별과 별이 만나듯
그대와 나의 손 허공을 더듬다가 마주치는 순간
스위치가
번쩍!
건너 마을까지 전등불이 켜지고

사랑에 물든 저녁 하산 길이
어찌나 후들거렸던지

타인 같은 아내와 남편
아직도 사랑의 연습게임은 끝나지 않았네

바람술

주먹만 한 술통항아리에
쪼그마한 술잔 하나
고이 문갑위에 두고 즐기네

여름도 가고
가을벌레소리 안주가 좋아서
주거니 받거니

아내는 술주정을 하네
시인은 다 쟁이야 쟁이
빈 거짓말쟁이

나의 대구가 유장하네
시인은 진짜야 진짜
바람술 진을 짜는 진짜

나의 백자 술통엔
마셔도 마셔도
신선주 바람술이 가득하네

각방쓰기

마지막 이별을 미리 챙겼지요
40여년의 룸메이트가 미리 헤어져서
각방으로 나뉘어 잠이 드는 밤이면
마지막 홀로 남을 이별을 만끽하지요
누가 먼저일지 모르지만 이별한 그날 저녁
텅 빈 자리 홀로 보내자니 눈물이 날 때도 있고
눈망울이며 목소리 가신 체온을 붙들다가
칠흑이랑 잠이 드는 밤이면, 예가 바로
두 날개로 나는 참세상이지 싶어요
아침마다 날이 밝으면 거실 한 칸 넘어서
말이 없어도 첫사랑으로 만나니
그날그날이 다 서투른 신혼길
붉은 카펫이 깔립니다

불면증

요사이
성당은 어딜 가나
나에겐 졸음천국이다

신부님 강론은 느릿느릿 다독다독
도도레 솔미솔미 레레 도
한결같은 말씀은 진리의 늪에 아늑한 자장가로
감미로운 비수가 되어 졸음으로 꽂힌다
꾸뻑 졸다가 옆 사람 얼굴을 칠 번한 건
얼마나 다급한 절체절명 구원의 채찍인가
불면의 나날 세상 아무리 푹신한 침대에 몸을 뉘어도
불면의 가시면류관은 쉽사리 벗을 수 없었느니
과연 성당에만 오면 그 가시관을 벗는다
포근한 잠을 선물로 주시는 희한한 은총도 받느니
오늘도 운전대를 잡고 귀가하는 길
정신은 다시 없이 맑아졌다

졸음운전을 염려해주신 주님, 감사합니다
정말 감사합니다
신부님!

1초간의 접신接神체험

나는 성대가 고장이 나
2005년 겨울 진단용 의자에 앉았다
컴닥터의 새끼손가락만한 진단 침봉이
나의 콧구멍을 뚫고 기어올랐다
머리빡을 관통하는 순간
'찌르륵!'
눈물이 터지는 찰라 나는 해체되고
'ㅇㅇㅏ!' 하는 외마디 소리
접신의 찰나인가
천당과 지옥 이승과 저승의 경계
온통 깜깜한 무의식이다
천년을 지났을까 만년을 지났을까
우주를 한 바퀴 돌아온 듯한데
진단 컴의 목소리가 퉁명스레 들려왔다
'이제 일어나세요'

※ 후두암 진단을 받고 2006년 1월 9일 성대절제수술을 받았다.

어느 노점상

네 형도 성당으로 가더니
왜 너까지
절로 가려하느냐

에미는 어찌 살라고
너만 조용히 절밥 먹고 살면 다더냐
너 없는 나는 가시밭길인데

절 안 가도 네가 절이고 내가 절인데
성당 안 가도 내가 성당이고
네가 성당인데

정 가려거든
저 등구나무아래
의자나 하나 놓고 가렴

매미 · 1

무더운 날
꾀를 벗더니 서슴없어라
울고불고 세상 뒤집을 듯이
산천에 메아리치는 사랑 방가
대단원 막장을 절창한다
너를 만나지 않고선 살 수 없다고
너를 보지 않고선 죽을 수도 없다고
천년 사랑을 동여맨 가죽나무
내가 운다

매미 · 2

어디서 살아왔나
간밤 휩쓸고 간 폭풍우에도
허겁지겁 또 울어댄다
떠날 수 없다고 눈감을 수 없다고
세상 쇠창살을 붙잡고 내가 울듯
우는 그 사람
아파트 8층 내 방구석을 향하여
쩌렁쩌렁 날 불살라 불살라
그녀가 울었다

매미 · 3

뉘 영혼일까
나무줄기를 타고 올라온 구천九泉
그 깜깜한 지맥을 악물고 매미가 운다
하루에도 몇 천 번을
발광발광발광發光 불을 놓아 운다
나는 어디선가 죽었다고
너도 언젠가는 죽을 거라고
태산을 놓고 대성방곡大聲放曲한다
여름 한철로 사랑도 끝이라고
그녀가 울었다
나도 울었다

결국 나는 너와 한 몸이 될 것이다

누가 날 두들긴다면 나는 북처럼 울 것이다
너를 사랑한다고
누가 날 간질러댄다면 나는 웃고 웃을 것이다
너를 만난 것처럼
누가 날 안아준다면 나는 꽃필 것이다
너의 몸처럼
누가 날 떠밀친다면 나는 꽃잎으로 흩날릴 것이다
너의 품속을 향하여
누가 날 묻어준다면 나는 싹이 틀 것이다
너의 몸속으로
누가 날 불붙인다면 나는 타면서 구워질 것이다
너를 담는 백자가 되어
누가 날 부셔버린다면 나는 부서져서 흐를 것이다
너의 몸속 피가 되어
아 지금 어디선가 흐르고 있다
한줄기 목천沐川 졸졸졸

눈길을 걸었네

가을에는 낙엽이 지더니
겨울에는 하늘에서 꽃잎이 지네

하늘냄새가 좋아
눈송이랑 걸으면
고향에 닿을 것만 같은 길

눈꽃을 받아먹고 가다가 날 저물면
울어머이 호롱불빛 가물가물
오두막 하나 만날 것만 같은 눈길

걷고 걸었네 세상 끝 날같이
나 같은 짐승하나 만날 듯이

겨울주소 · 1

봄여름가을을 떠돌다가

겨울에야 정착하였네

눈이 오는 날 찾아주시오

천국 아니어도 겨울군 눈내리면 행복하리

웃는 연습

삶이란 웃는 연습이다

살아서 값진 일이란
아파도 슬퍼도 웃음꽃 피우는 일이다

마지막에 울면 일생이 슬픈 것
웃는 연습 말고 더 무엇이 중요한가

돼지도 마지막순간에 웃음을 남긴다

걱정 한 순갈 비애 한 톨이 밑천이니
웃음의 길은 넓고도 넓다

오늘도 끝맺음은 단연코 웃음이다
절망도 웃으면 머리를 숙이나니

웃음이란 게 있어 인생은 살만하다

5부
구송정 솔바람소리

생물학과교수 채용고시

어느 날 양봉업자가 죽었다
어느 날 양계업자도 죽었다
어느 날 농부마저 죽었다

자살인가? 타살인가?
그 죽음에 대하여 논하라

매미가 울어서야 여름이다

한 칠십 평생 묻혔을까
얼마나 지하가 어둡고 시렸던지

깜깜한 대낮
구천으로부터 올라온 저 사람

옥피리소리 미치도록 불어서
한세상 불을 피운다

발광발광발광發狂發狂發光!
한여름 환한 대낮 한세상이

지하에서 올라온 저 사람이
미치도록 울어서다

개구락지 뛰는 길로 가라

— 고향이라는 곳

울어머이 세상 떠날 무렵 말씀이다
열아, 넌 이제 고향 가 살아라
개구락지 뛰는 길로 가면 고향땅이다
목천沐川 한줄기 새벽길 나서는 산골
노고지리 울고 황소가 밭을 가는 곳
호박꽃에 벌들이 윙윙거리면
거기가 바로 고향땅이란다

울어머이 나를 낳은 순창 구송정 마을
조상발자국 따라 질경이가 돋아나고
봉선화 맨드라미 울긋불긋 반기는 골목
제비가 집을 짓고 굴뚝이 북극성에 닿는 집
뒤란엔 산나리 붉어 고추장도 붉어
호랑나비 춤을 추며 꿀을 따고
초가지붕엔 달덩이 같은 박이 익는다

구들방 외진 대살 창에 신바람처럼
멀리서 그리운 친구가 찾아온 날
멍석이 펼치는 돗자리 한 마당에

신라면 한 냄비 차려진 저녁이면
해바라기 가슴팍 불붙는 노을이랑
아궁이엔 찰옥수수가 익어가고
아아 이슥고 달이 뜬 고향

구송정九松亭솔바람소리

섬진강 바람이 인다
아홉 형제 아름드리 구송九松은 가고
일어서는 잔솔들 성목으로 흔들어
이리도 푸른 목청을 돋우는가
목마른 구송정 여울로 넘어오는 솔바람소리
비구름 눈구름 모여들어 울고 웃고
몸부림치는 돌멩이마다 씻고 씻겨서
눈이 부신 모래 알알이
우주를 머금고 억만년 꿈을 꾸는 구송정 기슭
꽃가마 같은 초가삼간 집을 지어
울아부지울어머이 하내할매 손 씻고 괭이 씻고
눈물 콧물 다 씻어 흘렀나니
어제 밤도 어스름 속에 들었네
내 몸뚱이 어디선가 구송정 솔바람소리
게으른 게 죄라며 흙짐 진 울아부지
새벽별을 안고 들로 나가서
저녁별을 등지고 깃들던 고향
지금도 구송정 너머 자갈밭 훤히 보이네
헐벗은 울아부지 뭉게구름을 심으면

솜이불 목화를 따는 울어머이
하얗게 흔들어주던 손
저 구송정 솔바람소리

울어머이 연꽃 · 1

내 이름 연등을 달았다

구천九泉 깊은
울어머이 심지

들끓는 바다 사랑을 켰다

울어머이 연꽃 · 2

날 부르시는
울어머이

깜깜한 바다
먼지를 갈아

허공에다 쓰는 극락
백지문이 열린다

울어머이 심지
바다가 탄다

날 보고 웃으시는
저 무우화無憂花

울어머이 연꽃 · 3

밥 지으시느라
김이 나는 가마솥

동네방네
퍼지는 밥 향기

밥 먹어라
울어머이 날 부르신다

환하게 차린
아침 바다 한 상

내 공기밥 한 그릇
김이 몽개몽개夢開夢開

백자항아리 · 13

아무것도 없는데
백자항아리 혼자 앉아서 하는 일이란
꽃피는 일 말고 또 무엇이 있는가
바람 가득 안고 자존족自存足으로
웃는 일 말고 더 즐길 일이란 없지 않는가
가진 것이라곤 아무것도 없는데
자존족을 다독여 좌선을 하면
누구라도 저리 우아하게 백련꽃 필까
웃음꽃 하얗게 늘 피울 수 있을까
아아 바람 먹은 내 무無하나
저 백자항아리

홍시 · 2

온갖 시공을 헤매어
불같이 익어서 돌아온 가을 하늘
허기를 채워주던 홍시

붉은 핏방울
그를 먹고 겨울을 났나니

어렸을 적 홍시는 부모님 피요
젊음에겐 선열先烈의 피
노년에겐 젊었을 적 끓는 피

이 가슴에도 가을 감나무
주렁주렁 달고 싶다

등불 같은 홍시

강천구장군폭포

가

저 폭포수
목마른 가슴
사랑을 문신文身한다
보라
벼랑길 몸을 던져
강천을 살린 구장군의 넋
위기의 난간
절벽을 뚫는 개벽이다
보라
열리는 가슴마다
선경仙境이
들끓는
강천

나

비장한 결행이다
허공에 꽃피듯
벼랑을 뚫는 넋을 보라

위기의 순간
죽음에 투신하여
구장군은 죽고 강천은 살았다

보라
벼랑길 오늘을 건너는
구장군 사랑가

호남의 금강경
강천을 노래한다

다

저 누드!
어쩌자고 꾀를 벗었당가
진솔 우직한 구장군의 영가는
아직도 끝나지 않았다
허공에 드리운 거문고줄
목마른 가슴팍을 난타한다
자화상을 그리듯 투신하는 폭포수의 넋
절절하고 애달파서 아름다운 선율인가
벼랑을 타는 하늘의 몸짓이다
뉘라서 감히 멈출 수 있으랴
세속이 옷을 벗으면 성聖이 된다는 걸
벼랑을 뚫듯 가슴마다 새기나니
털끝하나 감추지 않는 폭포수
너와나의 사랑을 일깨운다
개벽처럼

강천폭포에게 물어보라

막다른 벼랑길
사랑은 서슴없이 죽음처럼 낙하한다
승천 길 마냥 떨어지는 폭포수
허공의 거문고 줄을 타듯
목숨을 보듬어 비상하는 사랑의 연주다
환희로 열리는 개벽처럼
벼랑길 사랑의 영가
꿈틀꿈틀 몸부림치나니
순아야, 너와나의 삶도 사랑도 저렇거늘
세상 어두울수록 더없는 천국을
우리 연주해야 하지 않겠니
저 폭포수처럼

강천은 사랑이니

강천산이 아름다운 건
강천이 산을 씻고 사랑으로 흘러서다
호남의 금강에 들어 강천이랑 흐르면
팔팔 살아나는 사랑을 만난다
간절히 불러보라
홀로라면 더욱 절절한 그대를 만난다
천둥 비바람이 분다 해도
일편단심 사랑의 반석위에 올라선 순간
얻으리라 강천 폭포수 비경 속에 숨겨있을
천사가 내미는 하늘 문 열쇠
굽이굽이 송음교松蔭橋 넘어서 떨리는 가슴
신선교神仙橋에 올라서는 순간
움켜 쥔 사랑마저 증발하는가
무아의 순간이다
이파리 하나 바람결에 흔들흔들
불붙은 내가 꽃으로 탄다

고추장

꽁보리밥도
고추장만 있으면
진수성찬

고추장을 먹으면
눈물이 난다

청실 골 쑥국이 울음에
홍실 골 소쩍새 붉은
울어머이 고추장

나의 피가 되어
평생을 연명하나니

잘 차린 밥상마다
그 심장
꽃처럼 붉어라

고추밭에 서서

그대가 그리운 날
한여름 고추밭 뙤약볕이 따갑다

언제쯤일까 한 번은 그대에게 불지를
내 뜨거운 정렬 한 개비 되리라
굽은 허리 고추 세웠다

바람아 흔들어다오
내 푸른 고추하나 불타는 사랑
고추 선 애간장은 붉어라

고추장 · 1

하늘이 보내온 영약靈藥이다

울어머이 붉은 피
저 영혼 한 순갈

미욱한 몸뚱이 갈기갈기 스며서
곤궁한 삶도
환한 눈물 꽃 핀다

사랑 불을 놓는
천사의 영약

오늘도 밥상엔 고추장이 붉어라

고추장 · 2

그대에게 보내네
뻘겋게 익은 단심丹心
만발할 사랑을

오늘에사 띄우네

그대에게 꽃필
나의 섬진강꽃물
순창고추장 한 단지

고추장 · 3

끼니마다 고추장
뜨거운 사랑을 먹습니다
매서운 세월 고이 다독인 삶의 진액
눈물꽃물 울어머이 피
가슴이 찡합니다

삶이 고되고 허기질 때
섬진강 피톨이 숨 쉬는 항아리마다
사랑이 끓는 영혼 소쩍 소쩍
울어머이 붉게 물든 손가락
울컥울컥 씹혀서 나를 불 지르는 밥상

아아 나는 무얼 차려드려야 할까요
첫새벽 정화수로 목욕하고
어머니가 지어주신 삼베바지 차려 입고
무릎 꿇어 눈물꽃물 고추장에
강천주 한 잔 올리오니

흠향 하옵소서 어머니!

고추장 · 4

가리라 섬진강물 따라
울어머이 피톨이 숨 쉬는 항아리마다
쑥국이 쑥국쑥국 귀뚫이 귀뚫귀뚫
뻘겋게 익은 울어머이 눈물꽃 환한
고추장마을로 가리라

허물 벗은 용궐龍闕산 내려서
채계採溪산 섬진강물 출렁 출렁
회문回文을 돌아 강천剛泉으로 흘러흘러
별이 뜨고 소쩍새 우는 옥천玉川 땅
울어머이 손가락 벌겋게 물드는 감나무아래
나를 불 지르는 밥상
돌아가리라

이역만리 주먹밥 둘러앉으면
섬진강 꽃물 한 접시 울컥 울컥
살아나는 고향땅
가리라 돌아가리라
세상 어디서든 고추장 하나로

너와 내가 뜨겁게 물드는 고향
순창 고추장마을로

내 고향 고추장마을

식탁에 앉을 때마다
하늘이 내놓은 고추장 한 접시

울어머이 영혼의 불씨
한 숟갈 삼키면
나무토막에도 불이 붙는 말씀

정답게들 살아라

옹기종기 항아리마다 섬진강물
피톨로 뜨는 고추잠자리
선경仙境을 물결치는 마을

노을도 붉어 소쩍새도 붉어
눈물이 그렁그렁

마실 간 어머니

내자는 막내가 불러서 꼬마손녀한테 갔다
휑한 하루를 열흘도 더 기다렸나니

어릴 적 마실 간 어머니는 언제 오시려나
나 홀로 저녁을 챙기자니
저녁 숟갈이 우네
금방이라도 들어설 것만 같은 어머니!
거세게 밀려오는 쓰나미였네

어머니는 이 세상 사람이 아니라는 쓰나미
아아 산같이 밀려오는 쓰나미를 안고 울었네
어언 십년 넘어 돌아가신 어머니!
내 곁에 남아있는 어머니 빈자리가
세상보다도 더 넓어서 엉엉 울었네

오늘밤만은 돌아와요 어머니!
이제는 제가 젖을 먹여드릴게요 엄마!

6부
겨울은 봄이 오는 소리다

겨울주소 · 2

나의 출생은 고난국 희망시, 이름은 고독이다
주소는 희망시 인내동 행복1번지에 두었지만
현주소는 허공을 떠도는 한조각 구름이다
날마다 꽃향기를 찾아 나비처럼 날다가
별빛에 묻어 산마루에 잠들다 깨이면
피어나는 아침 안개이다가
꿈을 먹고 부풀은 열망은 터지고 마느니
여름 소나기로 한 바탕 열변을 토하고 나서
가을 지나 비로소 눈을 떴다
뜬구름아, 사랑이 춥거든 내려가자
우리가 머물 겨울주소는
'천국 아니어도 구름군 눈내리면 행복하리'니

겨울은 봄이 오는 소리다

백여시 꼬리 같은 눈길을 밟으면
아이나 어른이나 곧잘 넘어져서
누가 볼세라 배시시 웃는다

허리가 아프고 무릎이 까져도
일어서 눈길을 가면 뽀드득 뽀드득
봄이 오는 소리

눈이 쌓일수록 나목이 콜록 콜록
토굴 속 불곰이 뒤척일 때마다
얼음이 울고 망아지가 딸랑 딸랑

매향梅香을 읽다

성냥골 서리봉 달빛에 문질러
어두운 가슴 불을 질렀다

저 매캐한 화약 냄새
문자향 매화꽃이 탄다

38쇠창살이 반은 녹았겠다

눈 편지

내 얼마나
하늘에 띄운 편지였던가

이제야 답장인가보다
하늘 가득 나부껴오는 글발
가시밭이라서 사뿐히 내리는가
상처투성이라서 가만가만 다독이는가
어두운 동네라고 하얗게 하얗게 오고
가난한 집이라고 떡고물로 오는
하늘 답장
설레는 글발 한 자
고이 손바닥에 받아 읽으려니
아아 그것은 금방 눈물 한 방울
나에게로 스미는 이 절절한 연서
마냥 휘날려오나니
눈길을 걸으며 하늘에다
나의 새 주소를 띄우네

천국 아니어도 겨울군 눈내리면
행복하리

낙상落傷

함부로 밟지 마세요

뿌리를 밟으면 넘어집니다

뿌리는 우리의 조상이니까요

칼의 탄생

북어를 두들기니 도마가 울고
콩을 볶으니 가마솥이 울고
북을 두들기니 허공이 울었다

그런데 들었느냐
쇠뭉치를 맞을수록 자신을 악물고 나온 칼
용광로가 울었다

벌써부터 비운을 보았으리라
용암으로 흘리는
저 쇠 눈물!

어느 시인의 죽음

— 부메랑

아들은 젊은 시인이었다
어느 날 시인은 스스로 총을 메고
거리로 나갔다

3년이 지나도록 소식이 없더니
어느 날 죽어서 돌아왔다

사람들이 눈물을 흘렸지만
아버지는 울지 않았다

죽은 아들을 붙들고 외쳤다
이자는 자기가 쏜 총에 맞은 것이오
총 든 것 말고 슬픔이란 없소

조선고추장

집안이 못났다고
힘이 없다고 탓하지 말라
가난이 매서워도 불평하지 않았다
고추장 생각만으로 끼니를 때우기도 했다
내가 누릴 수 있는 건 매서움 뿐
적은 내안에 있다
굶주릴수록 매서움을 먹고
무사와 안일 거품일랑 모조리 털어버렸다
꽁보리밥도 고추장만 있으면 진수성찬
나의 영혼 고추장을 먹고
나를 극복하는 순간
나는 꽃이 되었다

※ '칭기즈칸 어록' 근간을 패러디함

들어라, 한일도韓一島의 북소리

독도는
코리아의 목이 멘 북채다
반도를 두들긴 지도 벌써 몇 반세긴가
결코 멈출 수없는 함성 하나
동해바다에 몸을 씻어 부릅뜬 혼 불
절체절명 제 몸에 불 지른 횃불이다
절해고도 바다를 두들겨 파도를 일깨우고
끝내는 제 몸 국문하듯
백두대간 등골을 두들겨대는 독도
그렇게 코리아의 혼 불 독도가 탄다
깜깜한 백주白晝 목이 멘 동방의 북소리
쇠가죽 순정한 핏방울이 운다
독도가 두들기는 한일도韓一島의 혼 뿔
천둥이 울고 있다
세계로 평화로

편 가르면 망한다

우파다 좌파다 편을 가르면
내 몸은 없다

서로 다투다 오른손만 있으면
오른손이 망하고
왼손만 있으면 왼손이 망한다

오른손의 오물은 누가 닦아주며
왼손의 모기는 누가 쫓아주는가

좌·우는 한 목숨 서로의 짝이거늘
짝이 없으면 걷지도 날지도 못한다
자손도 없다

갑오년 북이 운다

— 2014 갑오년 새아침의 시

새벽 좌불처럼 동벽을 향해 앉았다
누가 북을 울리는가
또다시 동학이 밝은 갑오년 새아침
정녕 황소가죽 이중섭의 소가 운다 심훈의 흙소가 운다
동으로 동으로 달려온 쇠북이 운다
죽음으로 바꾼 뼈와 살 우리들 꿈이 운다
반도가 운다 이승만도 울고 김일성도 운다
도대체 누가 매질하는가
아무리 국문하듯 두들겨도 한 목소리
남을 처도 북을 처도 하나로 우는 천둥소리
들어라 반도야 한반도야 절체절명 희망하나 울고 있는 새아침
또다시 개벽이다!
자유로운 생명 춤을 추듯 세계가 열리는 소리
하늬바람에 동남풍 사계절 무심한 꽃들은 피고 지고
서에서 동으로 동으로 태양은 다시 뜨는데
눈물아 피눈물아
왼손과 오른손이 부둥켜안아야할 건 한 몸뚱이
죄 없는 목숨 얼마나 더 피를 흘려야만 하는가
세계의 꽃 심지 만발을 꿈꾸는 땅 우리네 가슴 북이 운다

한일도韓一島 코리아가 운다
보라 순정한 피울음 울어도 울어도 그치지 않는 매운 부채
그가 누구인지
북극성 눈을 씻어 백두대간 우리의 몸뚱이를 보라
동해바다 가운데 외로운 혼 뿔 불끈 쥔 맨주먹
절절한 희망을 두들겨 경계를 허물고 있는
반도의 북채 독도가 운다
아집과 불화를 떨쳐 태평양물결에 씻고 씻은
코리아의 혼 뿔 독도
세계를 치고 울듯 백두대간 제 몸을 두들겨 운다
갑오년 새아침 코리아가 운다
한일도가 운다

독도는 코리아의 포스터다

— 독도횃불

눈동자는 듣고 귀여, 바라보라
왜 독도는 거기 서있는가
절해고도 어디를 딛고 살고 있는가
발 뿌리 얼마나 깊이 박았기에
태산 같은 파도랑 손잡고 목숨 불을 피우는가
동해바다 꽃처럼 피어난 극동의 모닥불
예맥의 숨결 백두대간이 탄다
시원으로부터 하늘의 전령 동으로 동으로 달려온
신단수물결 따라 하늘 새 날아든 극동의 등불이다
코리아의 불침번 파수꾼
하늘이 먹구름을 내리쳐 바다랑 울어도
울지 않는 독도
평화와 사랑을 앓는 코리아의 포스터
동방의 횃불 코리아의 심지가 탄다

진도에서 온 편지

저는 17세 남아 단원고 2학년생입니다.

제주도로 수학여행을 가던 도중 2014년 4월 16일 남해 진도 팽목 바다에 빠진 세월호에서 구조를 기다리던 중 구명조끼를 벗어 친구에게 입혀주었어요. 그는 나갔고 저는 정신을 잃고 말았어요. 더 큰 메시지를 받았지요.

울지 마세요, 저는 죽지 않았어요.

저 때문에 울면 제가 더 슬퍼져요.

꽃잎 같은 마음을 받고 기뻐서 훨훨 날아서 집에도 가고 친구들 곁에 앉았다가 돌아오곤 합니다. 한곳에 얽매이지 않고 더 많은 축복 속에 더 넓은 세상을 삽니다. 슬픈 건 멈출 줄 모르는 울음과 철모르는 허풍성이들이 날뛰는 모습입니다. 신라대부터 완도와 함께 청해진해상왕국의 요충지인 진도는 진도眞刀의 칼로 허물을 내리쳤으니 저는 진짜 진도珍島로 남아 진도眞道의 바다를 지키렵니다.

진도는 뜨고 허물은 수장시켜 선량이 살고 불량이 꺼꾸러지는 나라의 진도眞道를 지키겠습니다.

저는 지상에서보다 더 행복합니다.

누가 남겼는지 물위에 둥둥 뜬 손수건 하나 붙들고 얼굴을 감싸 울던 밤 깜깜한 무덤 속 바다는 아늑했답니다.

잠깐 순아를 부르다가 안개를 보듬어 청산을 넘었어요.
소쩍새도 울고 뻐꾸기도 울고 우리 집 뒷동산에 산나리 붉은 데 산 나비 한 마리 훨훨 날았답니다.
저를 위해 울지 말고 슬픈 사람들 그 나라를 울어주세요.
간절히 기도합니다, 인간다운 세상을 외치는 사람들이여
반도에 반도를 합친 한일도韓一島에 봄은 언제일까요.
자유와 평화의 길 어려울 때면, 아름다운 세계인을 꿈꾸었을 단원고학생들과 이 사나이를 기억해주세요.
엄마아빠 형제들이랑 모든 사람들의 안녕을 빕니다.
여기 진도 앞 바다에서
대한의 아들 올림

문상問喪

친구야
원산遠山아 내가 왔다
니 송장이나마 보고 싶어 목천이 왔다
니 살아생전 고래고래 소리친 천의무봉天衣無縫
이제 훨훨 날아서 그곳에선 행복할 거다
적수공권赤手空拳으로 숫처녀 몽녀夢女와 수도 없이
재혼한 녀석
친구야 우린 이 세상에겐 악당 같은 벗이었지
젊은 한때의 기개는 결코 썩지 않을 거야
깊은 운장雲藏에 별강 원산이 허욕이었을까
젊은 형문螢文의 뜻이 좌절로 내려찍는 비수가 되다니
청운의 터를 닦던 불도저의 기침소리가 부도로 꺼꾸러진 날
아아 자꾸만 눈물이 난다 눈물이 난다
고향을 등지고 떠나야했던 철새 아닌 철새가 되다니
떠도는 단칸 월세 살이 새집 같은 둥지가 낙원이던가
여전히 고래고래 자존족自存足을 외치며
유유자적悠悠自適을 떠벌이던 친구
월 40만원의 생계보조금으로도 모은 기십 만원 통장이 있으니
친구들 초대해 거나하게 한판 벌이자던

악다구니 고래고래 소리친
무선전파가 나의 귀 창에 살아서 아직도 펄펄 끓고 있는데
하다못해 공수표 같은 그대 까칠한 손만이라도 한 번
잡아볼까 했는데
전화도 먹통이고 도무지 종적을 알 수 없었는데
니 느닷없는 부음으로 내 가슴 철렁 요동친 쓰나미였느니
마구 눈물이 덮친다 친구야 친구야
불우청소년을 불러 모아 야학을 열었던 청년 교장 페스탈로치
그렇게 스러져서 멀어져가는 원산이여
잘 가라
가서 님도 만나고 뽕도 따라
이제 쌍시옷 넣고 이놈 저놈 할 놈이 없나 싶어
내가 더 허전하다
이 SS벌 놈아!

※ 1960년대 전주에는 4 · 19세대로 꿈 많은 교육열아 정병강이라는 청년이 있었다. 서라벌예대를 거쳐 전북대 국문과 문학청년(신영토동인)이면서 한편으론 기업을 꿈꾼 독학정신으로 전국 시장을 누비면서 한시도 책을 놓지 않던 그는 인생학 탐구벌레였다. 운장암회원들과 더불어 불우청소년 배움의 터전인 운장학원(야간)을 개설하고, 형문중학(주간, 고등공민학교)을 설립하여 동분서주 뛰었지만 끝내 그는 꿈을 펼칠 수 없었다. 가칭 '○○고등학교'설립을 추진하던 중 부도를 막지 못해 청운의 꿈을 접어야만 했다. 이후로도 재기에 안간 힘을 썼지만, 역부족으로 피향살이에 그것도 생계형 보조금으로 연명하는 처지가 되고 말았다. 세월 따라 술과 쌍소리가 늘어갔지만, 그의 기개는 여전히 젊고 날이 무디지 않은 꿈의 처사였다. 사람다운 사람들이 누리는 사회, 그 소박한 교육애로 내닫던 열정의 꿈을 누가 감히 과소평가하랴!

그는 방광암으로 2년 투병 끝에 외롭게 갔지만 그의 분통할 꿈은 이 세상 어딘가에 죽지 않고 살아있으리라.

누가 와

내 곁에 누가 와

눈이 와
비가 와
안개가 와

다 가는데 무엇이 와

돈이 와
친구가 와
사랑이 와

발 뻗고 누웠는데 누가 와

그래도
단 한 사람
도둑고양이가 올 것이다

작품 해설

| 작품 해설 |

내가 나에게 묻는 사랑법

– 정병렬의 시세계

이근배 | 시인 · 대한민국예술원회원

1

올해는 모국어 광복 70돌을 맞는 해이다. 훈민정음이 반포된 지 반천 년 만에 비로소 나랏말씀과 겨레의 글자가 만나서 온전히 모국어 교육의 첫 장을 열었기 때문이다. 또한 서정주, 박목월, 황순원 등 시, 소설의 새 역사를 쓴 시인 작가들의 탄신 백주년이기도 하며 윤동주 시인 서거 70주기가 되기도 한다.

이 뜻 깊은 모국어의 잔칫날에 정병렬 시인이 사화집을 상재하겠다고 원고를 내게 보내왔다. 정갈한 글월과 함께 부쳐온 시고를 한 글자 한 글자 짚으며 읽어나갔다. 시를 읽으면서 머릿속을 채우는 생각은 한 사람의 시인을 만들어내는 것은 그 사람의 타고난 DNA와 모국어를 깎고 다듬는 공부, 그리고 누구도 아직 찾아내지 못한 자신만의 생각이 있어야겠지만 그 배경에 쌓여있는 내 나라의 역사와 뿌리로 하는 정신의 물길, 아주 오래전부터 있어온 시의 가락들이 한몫을 하고 있다는 것이다.

산이 어디 가겠느냐
밤안개 지나면 남는 건 산이다

보아라
네 안에 날뛰는 것들
끌어안고 잠재웠다가
산뜻이 일어서는 아침 산을 보아라

한밤을 녹여낸 묵상
진정한 나를 불러 너를 불러
날마다 오르는 산이
어디 가겠느냐

늘 앞산처럼 네가 있어
내가 있다

— 「내가 나에게 2 -산」 전문

사람은 태어나면서부터 끝없는 물음으로 시작해서 물음으로 생애를 마친다. 석가도 공자도 예수도 인류에게 주고 간 것은 자신에게 던진 물음이었으며 그에 대한 답은 아니었던 것이다. 성자나 어린 백성이나 기원전 4백년에 살았던 소크라테스가 내놓았던 "너 자신을 알라"는 물음에서 삶과 죽음 우주만물의 생성과 소멸의 이치를 캐기 시작했을 것이다.

시인은 「내가 나에게」의 표제를 걸고 연작시 12편을 썼다. 그렇다. 농부는 곡식을 가꾸고 거두며 나에게 묻고 시인은 시로 나에게 묻는다. 굳이 제목을 붙이지 않고 시인들이 써내는 시는 모두 자신을 향한 질문지인 것이다.

"산이 어디 가겠느냐/ 밤안개 지나면 남는 건 산이다" "한밤을 녹여낸 묵상/ 진정한 나를 불러 너를 불러/ 날마다 오르는 산이/ 어디 가겠느냐" 무릇 시는 아름답기만 해서도 노래로만 불러져도 그 몫을 다하는 것이 아니다. 나를 깨우치고 나아가서 읽는 이에게 그 깨우침을 눈치 채게 해야 한다. 이 시에서 산은 곧 자아이고 "밤안개"는 나를 에워싼 외적 환경이거나 또는 나를 제어하지 못하는 또 하나의 나일 수 있다. "진정한 나를 불러 너를 불러"에서도 "진정한"에 방점을 찍어야 한다. 참 모습의 나와 너이어야만 산은 비로소 산일 수 있는 것이다.

만날 사람은 나다
날마다 나를 사랑한다고 일러라
사랑을 따르되 돌아서지 마라
모든 것은 사랑할수록 닮아간다

만물은 사랑할수록 꽃이고
사람은 사랑함으로 사람이다
매미도 사랑방가로 일생을 울거늘
어찌 장미가시를 두려워하랴

세상은 가시로 가득한 장미원
가시가 사랑이니
날마다 나를 만나 외친다
내가 가시장미원 주인이라고

—「내가 나에게 11 -가시가 사랑이니」 전문

왜 장미는 가시가 있는가. 빛깔과 향기만 있고 가시가 없다면 장미는 더 사랑스러울까? 꽃은 사람의 마음을 어루만져주지만 가시는 몸에 상처를 낸다. 이 아이러니를 시인은 사랑의 속성으로 보고 있다. "만날 사람은 나다/ 날마다 나를 사랑한다고 일러라"에서 시인은 우리네 선비들이 경구로 삼았던 자애(自愛) 두 글자를 떠올리게 한다. 자신을 사랑하지 않는 이가 어디 있을까마는 무엇을 사랑하느냐 어떻게 사랑하느냐에 따라 자신을 발견할 수도 있고 훼손할 수도 있기에 아주 가깝고 지키기 쉬운 말처럼 들리지만 그 속에는 좀처럼 실천할 수 없는 깊은 뜻이 있는 것이다.

"만물은 사랑할수록 꽃이고/ 사람은 사랑함으로 사람이다"는 선자가 법어로 쏟아낸 경구(警句) 같다. "매미도 사랑방가로 일생을 울거늘/ 어찌 장미가시를 두려워하랴" 여기에 이르면 이 시인은 동서양의 어떤 시인에도 앞서는 사랑의 예찬론자이고 사랑의 시인임에 틀림없다. 굳이 가시에 대한 의미를 새기지 않았더라도 사랑이 몰고 다니는 어떤 태풍, 어떤 난파는 오히려 사랑의 장식물임을 인식하고 "날마다 나를 만나 외친다/ 내가 가시장미원 주인이라고" 선언한다. 「내가 나에게」 연작시에서 정병렬 시인에게 있어 시는 무엇인가 그리고 왜 쓰는가에 대한 명증한 길이 트여져 있다.

2

시는 사물들이 내재하고 있는 언어를 캐내는 것이다. 산을 하나 두고도 시인은 서로 다른 수천수만의 형상을 빚어낸다. 얼마나 더 깊이 더 넓게 사물의 내면을 투시하느냐에 따라 시의 순도가 결정된다.

연꽃은 한 자루 붓이다

바닷물을 찍어

허공에다 극락을 쓴다

바다가 다 마르겠다

—「연꽃 1」 전문

열린 가마솥
아침노을이 붉다

동네방네 퍼지는 밥 향기

저 바다 한 상
공깃밥 몇 그릇

김이 몽개몽개夢開夢開

—「연꽃 2」 전문

저건
허공에다 쏟은 정사精射다

들끓는 바다가 발기한
불기둥

불이 붙었다

배고픈 바람이 흔들흔들
선경仙境을 핥아먹는다

찰나의 나를 업고
나비 한 마리 어디로 가는가

—「연꽃 3」 전문

사바세계가 진흙 밭이라면 부처님은 생로병사와 업보의 사슬에서 벗어난 한 송이 연꽃으로 솟아오른다. 그래서 법당의 불상은 연화좌대(蓮花座臺) 위에 가부좌를 틀고 앉아계신다. 시인은 마악 피어오르려는 연꽃봉오리에서 "한 자루의 붓"을 떠올린다. 붓을 쥔 손은 보이지 않지만 저 드높은 우주공간에 만물을 그려내는 부처님의 손일 것이다.

"연꽃은 한 자루 붓이다// 바닷물을 찍어/ 허공에다 극락을 쓴다// 바다가 다 마르겠다" 서른두 글자로 팔만대장경에도 없는 법어(法語)를 써내고 있다. 극락을 쓸 수 있는 이도 부처님 밖에는 없을 테고 삼천대천세계에 가득 극락을 쓰려면 사람의 마을인 지구의 바닷물로는 모자랄 수밖에 없다. 촌철살인(寸鐵殺人)이라는 말이 바로 이 「연꽃 1」을 두고 한 것이 아닌가.

「연꽃 2」를 보자. 〈1〉과는 사뭇 다른 뜬구름 같은 극락이 아니라 오늘 아침 아내가 지어준 "공깃밥 몇 그릇"으로 내려온다. 밥 냄새는 사람 냄새, 시는 냄새가 아닌가. "열린 가마솥/ 아침노을이 붉다"에서 청솔가지로 때는 초가집 부뚜막의 가마솥 뚜껑이 열리면 쌀, 보리, 콩 잘 익힌 김이 오르고 어머니 주걱으로 밥을 푼다. 돌이 네도 분이 네도 "동네방네 퍼지는 밥 향기" 그립고 그립다.

그러나 시는 여기서 끝나서는 안 된다. "저 바다 한 상/ 공깃밥 몇 그릇"으로 지상 가득히 채워야 한다. "김이 몽개몽개夢開夢開"도 한자의 꿈 몽 열 개자를 빌어 피어오르는 김이 어머니, 아내의 사랑에서 어린아이의 꿈으로까지 피어나는 꽃이 된다. 서정주의 시 「백일홍 필 무렵」에서 "밥상 받은 아이 같이 너무 좋아서" 구절에서 받던 그 뭉클함이 몽개몽개 솟는다.

"저건/ 허공에다 쏟은 정사精射다// 들끓는 바다가 발기한/ 불기둥" 〈1〉에서 저 드높은 법구(法句)를 내질렀다면 〈2〉에서는 인간세상의 낮고도 따뜻한 밥 냄새를 그리고 「연꽃 3」에서는 왕성한 사내의 치열한 발정(發情), 그 원초적 본성을 드러낸다. "배고픈 바람이 흔들흔들/ 선경仙境을 핥아먹는다//찰나의 나를 업고/ 나비 한 마리 어디로 가는가" 하늘도 자궁이 있다면 "허공에 쏟은 정사"를 받아서 선남선녀를 낳거나 아니면 우담바라를 피워낼지도 모른다.

화자는 그 환상의 교배를 끝내고 찰나에서 영원으로 가는 세계를 꿈꾼다. 그 밖의 세상은 아무도 가보지 못했지만.

3

"무엇"과 "어떻게"는 시인뿐 아니라 세상에 없는 것을 새로 만들어내야 하는 예술가에게 있어 뗄 수 없는 명제이다. 그런데 정병렬 시인은 어느새 글감 찾기와 글짓기에 익숙함을 지니고 있다. 무엇을 어떻게 써야 시가 되고 시가 되더라도 이미 있어온 것에 대한 답습이나 아류가 아니라 자기의 것을 만들어내는 힘을 얻은 것이다.

저 텅 빈 주둥이
허공의 화살이 와 박혔다
목구멍을 뚫고 창자까지 박혔다
잘못 물은 화살낚시
허공이라는 놈과의 사투다
허공을 악물은 팽팽한 낚싯줄
부르르 떨고 있는 적멸寂滅인가
소용돌이치는 몸뚱이
평생을 견디다가 견디다가
허공이 소화되는 공복空腹
저 텅 빈 백자입술에

연꽃이 필 줄이야

—「연화문백자」 전문

이 시에는 "허공"이 네 번이나 등장한다. 동어반복이기도 하지만 배가 부른 백자항아리를 보고 "저 텅 빈 주둥이/ 허공의 화살이 와 박혔다"고 보이지 않는 것을 보고 있다. "목구멍을 뚫고 창자까지 박혔다" "허공이라는 놈과의 사투다"라고 못 박는다. 우리네 조상의 슬기와 솜씨는 백자항아리를 빚어 세계 도자예술사의 맨 윗자리에 갖다 놓았다. 더 어찌할 수 없는 비색을 띈 고려청자도 그렇지만 조선백자는 백의민족의 숨결이 느껴지는 삶의 그릇이다.

그 위에 청화, 아니면 진사로 연꽃을 올리면 적멸보궁이 피어나는가. "소용돌이치는 몸뚱이/ 평생을 견디다가 견디다가/ 허공이 소화되는 공복空腹" 항아리가 입을 벌리고 있는 것은 허공을 받아먹기 위해서인데 기어이 그 허공을 먹고 소화시켜서 뱃속이 비어있다는 것이다. 백자의 빛깔과 그 갖가지 형상을 많은 시인들이 읊어왔지만 허공의 화살을 받아먹고 "공복"이 되었다는 데 까지 내다본 시인은 일찍이 없었다.

무덥고 목마른 날

억새칼날 허공을 찔러대더니
한바탕 소낙비가 주룩주룩
내 굳은 살 어깨를 두들기면
한여름 폭설마냥 눈이 부신
푸른 적설로 층층이 쌓여 오르는 앞산
죽었던 영혼마저 부스스 일러서는
설청雪靑의 깃발들 살랑살랑 차려내나니
대바람소리 푸른 상추쌈 한 상
한여름 별미를 먹는다
고봉으로 쌓인
저 청설靑雪 한 그릇

— 「여름 청설 한 그릇」 전문

산, 물, 바람, 달, 구름……, 우리네 옛 시인들은 자연을 시적 대상으로 삼고 거기에 삶의 깨달음과 생각의 깊이를 더해갔다. 오늘에 와서도 시가 자연을 떠나서는 눈을 돌릴 곳이 없다. 어떤 각도에서 어떤 해석을 이끌어내느냐는 방법이 달라졌을 뿐이다.

이 시에서 화자는 무더운 여름날 "한바탕 소나기"가 지나간 후 "푸른 적설로 층층이 쌓여 오르는 앞산"을 그려낸다. 화자는 한겨울 앞산이 층층이 흰 눈을 머리에 이고 있는 것을 보며 자랐을 것이다. 그리고 이제 그렇게 흰 눈을 쓰고 있던 앞산이 여름이 들어 "푸른 눈"을 쓰고 있는 것으로 보인다. 환시(幻視)일시 분명하지만 그것은 다시 "고봉으로 쌓인 저 청설 한 그릇"이 되어 어느새 정신의 배고픔까지도 덮어준다.

집안이 못났다고
힘이 없다고 탓하지 말라
가난이 매서워도 불평하지 않았다
고추장 생각만으로 끼니를 때우기도 했다
내가 누릴 수 있는 건 매서움 뿐
적은 내안에 있다
굶주릴수록 매서움을 먹고 무사와 안일
거품일랑 모조리 털어버렸다
꽁보리밥도 고추장만 있으면 진수성찬
나의 영혼 고추장을 먹고
나를 극복하는 순간
나는 꽃이 되었다

―「조선고추장」 전문

아주 맛깔 나는 조선의 시다. 시인은 고추장의 고장 순창에서 태어났다. 이 나라 전국 방방곡곡 고추를 심지 않은 마을이 어디 있고 고추장을 담지 않는 어머니가 어디 있을까마는 그래도 고향 고추장 맛에 대한 남다른 애틋함이 있다. 일제강점기에 태어나서 저 보릿고개와 굶주림이 있던 유년기를 지나오면서 누구나 겪었던 가난을 이겨내는 힘이 고추장이었음을 고백한다.

"가난이 매서워도 불평하지 않았다" "나의 영혼 고추장을 먹고/ 나를 극복하는 순간/ 나는 꽃이 되었다"고 어려서 꽁보리밥과 먹었던 고추장이 육신의 양식일 뿐 아니라 영혼의 양식이었음을 시로 형상화한다.

그대가 그리운 날
한여름 고추밭 뙤약볕이 따갑다

언제쯤일까 한 번은 그대에게 불지를
내 뜨거운 정렬 한 개비 되리라
굽은 허리 고추 세웠다

바람아 흔들어다오
내 푸른 고추하나 불타는 사랑
고추 선 애간장은 붉어라

—「고추밭에 서서」 전문

어머니는 아들을 낳으면 금줄에 고추를 달고 딸을 낳으면 숯을 꽂는다. 지금은 오히려 숫자로나 사회적 역할로나 자리가 뒤바뀌고 있지만 아들을 선호하는 시대에는 화자가 고추를 달고나온 것만으로도 작은 벼슬이었다. 거기 끝나지 않고 나이가 들어서는 "언제쯤일까 한 번은 그대에게 불지를/ 내 뜨거운 정렬 한 개비 되리라"고 목소리를 높인다. "바람아 흔들어다오/ 내 푸른 고추하나 불타는 사랑"을 펄럭인다. 그러고 보니 정병렬 시인의 시법은 사랑법이었던 것이다. 내가 나를 보거나 연꽃을 보거나 백자항아리를 보거나 산을 보거나 그는 사랑을 쓰고 있는 것이다. 시를 쓰는 일은 곧 사랑을 말하는 것임을 이 사화집에서 낱낱이 읽는 기쁨으로 널리 나누고 싶다.

| 덧붙임 |

시의 귀재 · 국보라고까지 일컫는 대시인의 글을 싣게 되어 무척 기쁘다. 沙泉 선생께 감사의 인사를 드린다.

꽃처럼 웃는 연습

시를 쓰기 잘했다는 생각이 든다. 입산수도자라고나 할까. 그보다 더한 치열감을 갖는다. 수입도 없는 처지에 호구지책까지를 겸비해야 하니까. 인생 오가는 길이란 '나'에게서 출발해서 결국 '나'에게로 돌아오는 길이 아닌가싶다. 참 멀고도 가깝다.

/날 저물어 돌아갈 집이 있다는 것/
/누군가 만나야할 사람이 있다는 것/
이것을 행복이라고 한다면,

/돌아갈 집이 없다는 것/
/만나야할 사람이 없다는 것/

이 또한 생각하기에 따라 나에게는 더 큰 행복이라고 할 수도 있다.

나는 지금 있는 곳이 집이고, 내가 만나야할 사람인즉 나를 이미 만나고 있기 때문이다. 그래서 나를 실현한 것으로 여기니 보다 큰 행복이 아니고 무엇이겠는가.

자유롭게 생각한다는 것, 생각하는 대로 몸을 부릴 수 있다는 것, 그 이상으로 무엇이 더 아쉽단 말인가. 흔들리는 바람, 반짝이는 불빛, 멍멍이가 짖고, 넘치는 인파와 돌고 도는 바퀴, 타전해오는 온갖 소리들이 다 내 것이 아니던가. 시를 쓰는 순간이야말로 지고지순의 자유를 누리는 순간이다. 아쉬움에서 시작해서 아쉬움으로 끝난다할지라도 시의 세계는 구김이 없는 자유방임지여서 마음대로 떠벌리고, 뒹굴며, 울고, 웃을 수 있으니 시를 쓴다.

지상엔 꽃만 한 시가 없다. 저 사람의 행복을 보는 것도 행복이다. 그 사람의 불행을 보고 어찌 내가 행복하랴. 시를 쓴다는 건 꽃처럼 웃는 연습이라고 할 수 있다. 내가 웃고, 너를 웃기는 시의 탄생! 이 얼마나 경이로운 소식인가. 길을 물을 때, 꽃이 턱으로 이쪽으로 오라고한다면 그 이상의 멘토는 없으리라.

틈만 나면 아는 체/ 헛기침을 하는 놈// 외로움이라는 스토커야/ 끈질긴 스토커// 그는 내안에 들어와/ 아예 궁궐을 차렸어// 무색천無色天/ 신궁神宮을 차렸어…

－「외로움은 스토커야」 부분

나이가 든다는 건 외로움에 익숙해진다는 뜻일 게다. 외로운 만큼 나 자신에게 사랑한다고, 행복하다고 속삭인다면 묵묵한 저 산도 빙그레 웃으리라.

얼마나 묵묵한 산 외로운 강물이던가!

산이 강론을 하면
강물이 알아듣고 흐른다
나도 강물이고 싶다

－「강물」 전문

－ 2015년 10월 20일
沐川

정병렬 시집

외롭다는 것

인쇄 2015년 10월 25일
발행 2015년 11월 01일

지은이 정병렬
발행인 서정환
펴낸곳 신아출판사
주소 전북 전주시 완산구 공북 1길 16
전화 (063) 275-4000 · 0484 · 6374
팩스 (063) 274-3131
이메일 sina321@hanmail.net shina2347@naver.com
출판등록 제465-1984-000004호
인쇄 · 제본 신아출판사

ISBN 979-11-5605-267-8 03810
값 12,000원

이 도서의 국립중앙도서관 출판시도서목록(CIP)은 서지정보유통지원시스템 홈페이지(http://seoji.nl.go.kr)와 국가자료공동목록시스템(http://www.nl.go.kr/kolisnet)에서 이용하실 수 있습니다.
(CIP제어번호 : 2015028079)

Printed in KOREA

※ 이 책은 전라북도 문예진흥기금 지원을 받았습니다.